POLINIÈRE

POLINIÈRE

—

POLINIÈRE (Pierre) est un de ces hommes privilégiés qui, après avoir joui pendant leur vie d'une illustration populaire, gardent, après leur mort, un rang élevé parmi les savants. Pour donner une idée exacte des services qu'il a rendus à la science, il nous faudrait avoir des connaissances que, par malheur, nous ne possédons pas. Quand nous avons publié une notice biographique sur l'Abbé Porquet, Coisnon, Jean Porée, etc., nous espérions qu'une personne plus autorisée ferait revivre, dans une sorte de galerie historique, ceux qui ont honoré Vire et le Bocage au point de vue des lettres, des sciences, des arts et de l'industrie, ou qui ont brillé par l'esprit ou par le cœur (1). Nous voudrions leur rendre hommage, et, en même temps, mettre en relief les nobles exemples qu'ils nous ont légués ; nous voudrions aussi rappeler à nos jeunes compatriotes que le travail, source des plus pures jouissances, tribut dont chacun de nous est

(1) Cette notice sur Polinière, écrite en *septembre* 1865, a été lue à la Société Viroise d'Émulation. Le vœu que nous y avons exprimé commence à se réaliser ; l'un de nos concitoyens, qui s'occupe de notre histoire locale avec un zèle infatigable, vient de publier la biographie de plusieurs de nos illustrations Viroises.

redevable à son pays, procure l'estime, la considération, et permet au mérite d'aspirer aux positious les plus élevées.

Né à Coulonces, près Vire, le 8 octobre 1671, POLINIÈRE n'avait que trois ans quand il perdit son père. Restée veuve fort jeune, femme d'esprit et de jugement, Madame POLINIÈRE consacra tous ses soins à l'éducation de son fils, et l'envoya faire ses humanités à l'Université de Caen. Deux oncles, frères de son père, dont l'un, prédicateur éminent, avait eu Louis XIV pour auditeur, l'autre, curé dans le diocèse de Chartres, le mandèrent à Paris, et lui firent étudier la philosophie au collége d'Harcourt. Après s'être occupé de théologie en Sorbonne, POLINIÈRE suivit le cours du célèbre VARIGNON. Convaincu qu'il est impossible de faire des progrès sérieux dans l'étude de la nature avant d'avoir approfondi les mathématiques, POLINIÈRE commence par apprendre et ensuite enseigne cette science pour la mieux posséder. Ses succès furent tels qu'à 32 ans, il avait composé des *Eléments de Mathématiques*, dédiés à CHAMILLART, premier ministre d'État, et qu'il compta bientôt parmi ses élèves les principaux personnages de l'époque; peu après, il se livre avec ardeur à la physique, vers laquelle l'entraîne une irrésistible vocation. Esprit sage, habile observateur, notre compatriote comprit que les sciences naturelles, la chimie et la physique sont sœurs, pour ainsi dire, et qu'elles se tiennent par la main, suivant l'expression de FONTENELLE; aussi les fit-il marcher de front.

Avons-nous besoin de rappeler que les *sciences naturelles* ont pour but de faire connaître les êtres organisés ou inorganisés qui composent notre globe?

La *zoologie* est l'histoire des animaux envisagés sous tous les points de vue, en tant qu'êtres organisés agissant sur le monde extérieur et en subissant l'influence;

La *botanique* a pour objet la connaissance, la description et la classification des végétaux.

La *minéralogie* décrit et classe les corps inorganiques répandus à la surface du globe et dans le sein de la terre.

La *chimie* décompose ou analyse les corps et les recompose par *synthèse*, afin de découvrir l'action réciproque des uns sur les autres.

La *physique* considère les propriétés les plus générales des matières inertes, etc.; — elle comprend la *chaleur*, l'*optique*, l'*acoustique*, la *mécanique*, l'*électricité*, le *magnétisme*, les *actions moléculaires*.

En reproduisant cette analyse des différentes branches de la physique, nous avons voulu montrer qu'elle n'a été constituée à l'état de science que dans les temps modernes. Soumise depuis plus de deux mille ans à des formules abstraites et systématiques, elle ne commence à être cultivée que vers le XVIIe siècle; non pas que les anciens n'en eussent déjà quelques notions exactes; non pas que certaines vérités n'eussent été entrevues et même appliquées, des découvertes fort importantes avaient eu lieu; n'est-ce pas au génie d'Archimède que nous devons la *vis*, les *mouffles*, les *dentées*, etc.?— Que manquait-il à l'antiquité? le fil conducteur: la méthode. Pensant avec raison qu'il était nécessaire d'asseoir l'étude

de la physique sur de solides bases, Polinière ne veut rien abandonner au hasard ;
il se procure tous les livres traitant de cette
science, recommence les expériences qui s'y
trouvent indiquées, et en fait de nouvelles.
Ses progrès furent si rapides, dit Saverien,
auquel nous empruntons de précieux ren-
seignements, « que les savants le regar-
» dèrent comme suscité par la Providence
» pour changer la face de la physique, en
» lui donnant sa véritable forme. »

Polinière ouvrit au collége d'Harcourt
un cours auquel tout Paris voulut assister,
comme à un spectacle nouveau. « C'était,
» ajoute Saverien, le véritable talent de
» Polinière, que celui de faire des expé-
» riences. Ses raisonnements, qui répon-
» daient à la justesse et à la netteté de ses
» opérations, étaient clairs, précis; et à la
» portée de tout le monde. Ce succès fut
» un coup mortel ponr la physique d'Aris-
» tote. Il n'y eut aucun collége qui ne vou-
» lût voir Polinière et l'entendre; il fut
» obligé de faire dans chacun un cours ré-
» gulier d'expériences..... » Il ouvrait ordi-
nairement son cours par ces paroles :
» Messieurs, nous allons commencer par le
» commencement et nous finirons par la
» fin, » voulant faire comprendre qu'il
allait faire ses expériences avec ordre et
méthode.

Auteur de plusieurs découvertes, Polinière simplifia les microscopes, imagina de
nouveaux instruments, découvrit plusieurs
animaux dans le suc des plantes, s'occupa
des phosphores, et trouva le moyen de
rendre un baromètre lumineux. En 1709, i
fit, en présence de l'académie des sciences

une expérience qui consiste à frotter avec
la main, fortement et longtemps, une bouteille ouverte jusqu'à ce qu'elle soit bien
échauffée ; alors on aperçoit une lumière faible, étincelante à l'endroit où l'on
frotte cette bouteille. « C'est ici, dit SAVE-
» RIEN, la matière électrique, et il faut tou-
» jours reconnaître POLINIÈRE pour celui
» qui a découvert le premier ce phénomène
» physique. » (1)
Son *Traité d'Expériences Physiques,*

(1) POLINIÈRE se livrait à une autre expérience égale-
ment remarquable, nous parlons de la *Chandelle
philosophique* qui porte son nom. Nous sommes
heureux de consigner ici les intéressants détails qu'a
bien voulu nous donner, à ce sujet, M. *Debaise,* an-
cien pharmacien. « En 1808, nous a dit notre com-
» patriote, je suivais à la Faculté de médecine de
» Paris, les cours de physique de M. PELLETAN, grand-
» père du député actuel. Dans une leçon sur l'*hydro-*
» *gène,* le professeur nous entretint de la *chandelle
» philosophique* de POLINIÈRE Du temps de ce der-
» nier, on ne connaissait point le *gaz hydrogène,*
» on le désignait sous le nom de *gaz inflammable.*
» Voici comment POLINIÈRE l'obtenait : Il prenait une
» bouteille de verre, la remplissait d'eau, et, à la
» partie supérieure, il plaçait un entonnoir à large
» ouverture. Il allait dans les lieux marécageux où se
» trouvaient des eaux stagnantes. Muni d'une espèce
» de verge formée de petites baguettes, POLINIÈRE
» plongeait la bouteille et l'entonnoir dans l'eau, et
» battait les vases avec la verge. Il en sortait des
» bulles de gaz qui s'introduisaient dans la bouteille
» en déplaçant l'eau. Dès que la bouteille était vide,
» il la bouchait dans l'eau, pour ne pas perdre de
» gaz. La bouteille contenait du *gaz inflammable.*
» Il perçait le bouton d'un petit trou et y adaptait
» un tuyau de pipe. On mettait le feu avec une allu-
» mette, et bientôt jaillissait une flamme assez blan-
» che qui durait tant qu'il restait du gaz dans la
» bouteille. Cette flamme reçut le nom de *Chan-
» delle philosophique de* POLINIÈRE... »

publié en 1709, eut le plus grand succès, il en donna un exemplaire à la bibliothèque de Vire. Cet ouvrage fut réimprimé en 1718 avec beaucoup d'augmentations.

Appelé en 1722 à la Cour par le cardinal Fleury, premier ministre d'Etat, POLINIÈRE fit un cours d'expériences en présence des princes, du Régent et de Louis XV, et fut applaudi. Sa haute réputation inspira au Czar Pierre Ier, Empereur de toutes les Russies, le désir de le voir et d'assister à ses expériences.

En 1728, POLINIÈRE donna une troisième édition de son *Traité d'Expériences Physiques*, plus intéressante encore que la seconde. En 1733, il en fit publier une quatrième en deux volumes. L'ouvrage fut tellement goûté qu'on le traduisit en plusieurs langues.

POLINIÈRE se servit des fourneaux qu'il avait inventés ; ces travaux exercèrent la plus heureuse influence sur les progrès de la physique et de la chimie.

Uniquement occupé du bien public, regardant la fortune et les honneurs avec indifférence, sinon avec mépris ; caractère plein de douceur et de bienveillance, infatigable au travail, POLINIÈRE ne connaissait d'autre bonheur que celui que procurent les sciences et la solitude. Soit à Vire, soit à Paris, il vivait, à vrai dire, loin des agitations du monde, dans l'intimité du foyer domestique, et ne se liait qu'avec des esprits sérieux. Chaque année, notre Physicien s'empressait de venir passer les vacances à Vire et à Coulonces, où, pour ainsi parler, il laissait son cœur.

Nous nous sommes fait un devoir de visiter la demeure de *Pierre* POLINIÈRE. Modeste, et, en même temps, fort agréable, ensevelie, dirions-nous, au fond d'un bocage, sa maison convenait à un philosophe. Dans la cour se voit encore une colonne en granit, haute de plus de deux mètres, avec cette inscription : « *Hic anno 1734 lux* » *loci extinx...* » Seul, en présence de ce monument à demi penché, menaçant ruine, nous n'avons pu nous défendre d'une impression mêlée d'une sorte de tristesse, et, nous repliant sur nous-même, nous nous disions : Ici-bas, rien de durable, le temps efface tous les souvenirs, et se rit des efforts que nous faisons pour le braver ; toutefois, en dépit des obstacles semés sur sa route, l'homme de bien doit s'armer de courage, se rendre utile, et terminer vaillamment le sillon qu'il s'est tracé.

POLINIÈRE était docteur en médecine.

De son mariage avec *Marguerite* ASSELIN, sœur d'ASSELIN, docteur en Sorbonne, principal du collége d'Harcourt, il eut quatre enfants, deux filles et deux garçons : *Julien-Pierre* POLINIÈRE, docteur-médecin, et *Daniel* POLINIÈRE, prêtre, prieur de l'église Sainte Anne de Vire.

POLINIÈRE, outre des recherches anatomiques, a fait des expériences principalement sur la *mécanique*, l'*air*, le *bruit*, le *son*, l'*aimant*, l'*électricité*, la *pyrotechnie*, les *odeurs*, les *couleurs* et la *lumière*..

Maintenant, quelle part doit être faite à POLINIÈRE ? Il ne nous appartiendrait, à aucun titre, d'émettre une opinion personnelle sur ce point : Les hommes compétents le considèrent comme le *restaurateur de la physique expérimentale*, et, si nous ne pouvons le classer au nombre des savants dont le génie a fait avancer la science, toujours est-il qu'il mérite de figurer, au premier rang, parmi ceux qui l'ont le plus utilement servie en la vulgarisant.

Que, depuis POLINIÈRE, l'industrie nous ait rendus témoins d'une foule de merveilles, que la physique et la chimie aient réalisé de brillantes découvertes, que l'on ait su appliquer les forces occultes et jusqu'alors inertes de la nature, ce sera, nous le disons avec orgueil, l'éternel honneur de notre siècle. Mais pourrions-nous oublier, sans nous montrer coupables d'ingratitude, ces savants modestes, exempts d'ambition, qui, marchant toute leur vie dans les rudes sentiers du travail, sans autre récompense que le sentiment du devoir accompli, nous ont si heureusement préparé les voies?...

POLINIÈRE mourut subitement à sa terre de Coulonces, âgé de 65 ans, le 9 février 1734. Pendant près de deux siècles, sa famille, privilége peut-être unique, a compté presque autant d'hommes éminents que de générations : PIERRE est resté le plus illustre.

GEORGES LE GORGEU, avocat.

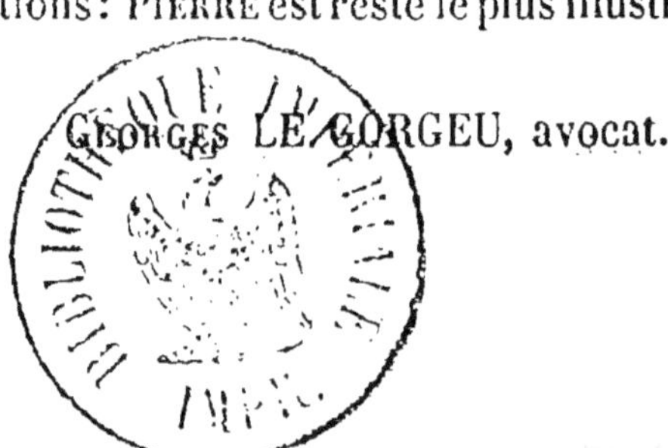